ページを切り離して すぐに使える！
ラクラク出し物BOOK

はじめに ～ペープサートや絵カードで楽しいひとときを！～

　保育者が、いつもとちょっと違った雰囲気で演じてみせる楽しい「出し物」は、保育を生き生きとしたものにしてくれます。本書は、その中でもだれもがすぐ取り組める、ペープサートや絵カードクイズなど、絵を見せながら演じられるものを集めてみました。

「かえるのすいえいたいかい」（P.11～22）は、紙芝居のようにできていますが、順番を入れ替えることで、何度でも繰り返して遊ぶことができます。

「おもいでのびっくりアルバム」（P.37～40）は、手品のようなしかけになっているので、タイトルのとおり、子どもたちがびっくりすること請け合いです。

　ペープサートや絵カードなどを見せながら演じることは、子どもたちの集中力を高めるだけでなく、絵が保育者の言葉を補ってくれるので、内容やストーリーをより深く理解することができ、「出し物」を見たあと、劇あそびやごっこあそびなどの活動へとつながることもあります。

　本書の遊びは、集会や、誕生会だけでなく、日常保育で繰り返し使えるような出し物です。

　さらにちょっと工夫して、いろいろな年齢に使えるヒントも載っています。

　これらの作品から、「おもしろいね！」「わあ！びっくり」「おおあたりだ！」など、子どもたちの歓声が生まれることを願っています。

乳幼児教育研究所所長　阿部直美

本書の特長

めんどうな準備は不要！ **すぐ** に使えます！

〈今までは……〉

① 型紙をコピー

② 写して、色を塗る

③ 切って……

④ やっと…できあがり

〈『ラクラク出し物BOOK』なら……〉

① 本をそのまま切る

② あっという間にできあがり！

切ってすぐ使える！！ だから、忙しい保育者の味方です！

＊平棒・竹ひごがなければ、割りばしを使ってもよいでしょう。

本書の構成

そのまま使える **アイテム編** 3〜64ページ

 お話のタイトル

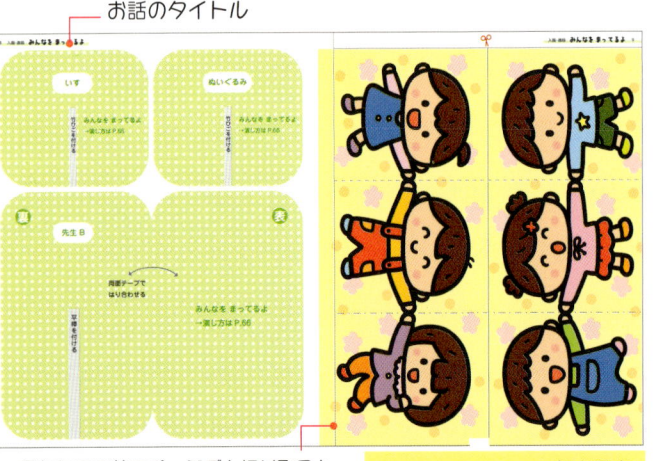

最初にこの線でページごと切り取ると細かいところが切りやすくなります。
向かって右のページの線に沿って切ってください。

――― 切り取り
――― 谷折り
――― 山折り

演じ方がわかる **解説編** 65〜96ページ

 所要時間・対象年齢

このお話で使うアイテムがわかります
そのまま演じられる台本形式です
お話内の歌の楽譜

入園・進級 **みんなを まってるよ**

4　入園・進級 **みんなを まってるよ**

舞台 A

みんなを まってるよ
→演じ方は P.66
＊そのほかいろいろなお話で使います。

作り方は P.66
牛乳パックの側面（一面だけ）を切り取り、油粘土を入れます。
その側面に両面テープではります。

舞台 B

みんなを まってるよ
→演じ方は P.66
＊そのほかいろいろなお話で使います。

作り方は P.66
牛乳パックの側面（一面だけ）を切り取り、油粘土を入れます。
その側面に両面テープではります。

6 入園・進級 **みんなを まってるよ**

つみき

竹ひごを付ける

みんなを まってるよ
→演じ方は P.66

えほん

竹ひごを付ける

みんなを まってるよ
→演じ方は P.66

裏

先生 A

表

両面テープで
はり合わせる

平棒を付ける

みんなを まってるよ
→演じ方は P.66

入園・進級 **みんなを まってるよ** 7

入園・進級 **みんなを まってるよ** 9

10 入園・進級 **みんなを まってるよ**

12 プール **かえるの すいえいたいかい**

かえる❻
すいえいたいかい

→演じ方は P.70

絵カード ①

実況中継　例文

パンパカパーン！
ただいまから、かえるさんの水泳大会を始めまーす！
第１のコース、あかがえるさん。第２のコース、あおがえるさん。
第３のコース、きいろがえるさん。
それでは、ヨーイドン！
きいろがえるさんが、よいスタートです。
あおがえるさん、早く飛び込まなくちゃ！

プール **かえるの すいえいたいかい** 13

かえる❻ かえるの すいえいたいかい

→演じ方は P.70

絵カード②

実況中継　例文

あかがえるさんは、得意のクロールです。あおがえるさんは、平泳ぎ。みごとなかえる足です。きいろがえるさんったら、手を振っています。しっかり泳いでー！

16 プール **かえるの すいえいたいかい**

かえる 6
すいえいたいかい
→演じ方は P.70

絵カード ③

実況中継　例文

力を振り絞って……
きいろがえるさん、速い、速い、速い！
あおがえるさんは、葉っぱの下に潜ってしまいました。
あかがえるさん、岩にぶつかりそう！

プール **かえるの すいえいたいかい** 17

18 プール **かえるの すいえいたいかい**

絵カード ④

かえる❻
すいえいたいかい

→演じ方は P.70

実況中継　例文

あおがえるさん、1番！
でもパンツが脱げそう！
きいろがえるさんが、得意の背泳ぎで
抜きにかかっています。
あかがえるさん、疲れちゃったのかな。

20 プール **かえるの すいえいたいかい**

かえる 6
すいえいたいかい

→演じ方は P.70

絵カード ⑤

実況中継　例文

あおがえるさん、コイのしっぽにつかまっています。
あかがえるさんたら……「らくちーん」なんて言ってます。
きいろがえるさんは、ドジョウに引っ張ってもらっています。
みなさーん、水泳大会なんですから、しっかり
泳いでくださーい！

プール かえるの すいえいたいかい 21

かえる ⑥
かえるの すいえいたいかい

→演じ方は P.70

絵カード ⑥

実況中継　例文

いろいろなことがありましたが……でもみんな、一生懸命泳いだので、
「がんばったねメダル」をもらいましたよ。
では、きいろがえるさん、今の気持ちをひと言。
「勝っても負けても、泳ぐのは楽しいケロケロケロ」
次はあかがえるさん。
「毎日、練習したので、じょうずに泳げましたケロ」
なるほど、では、あおがえるさん。
「○○くみさんも、明日からプールが始まるんだってね。ぼくたちも応援するから、がんばってねケロケロリン！」
かえるさんたちのように、明日からみんなで泳ごうね。

26 秋の遠足 **ブレーメンのえんそく**

クリスマス **あてっこプレゼント** 29

のりしろ

30 クリスマス **あてっこプレゼント**

まほうのつぼ・表

→作り方は P.32

あてっこプレゼント→演じ方は P.77

のりしろ

のりしろ

クリスマス **あてっこプレゼント** 31

のりしろ

のりしろ

のりしろ

のりしろ

のりしろ

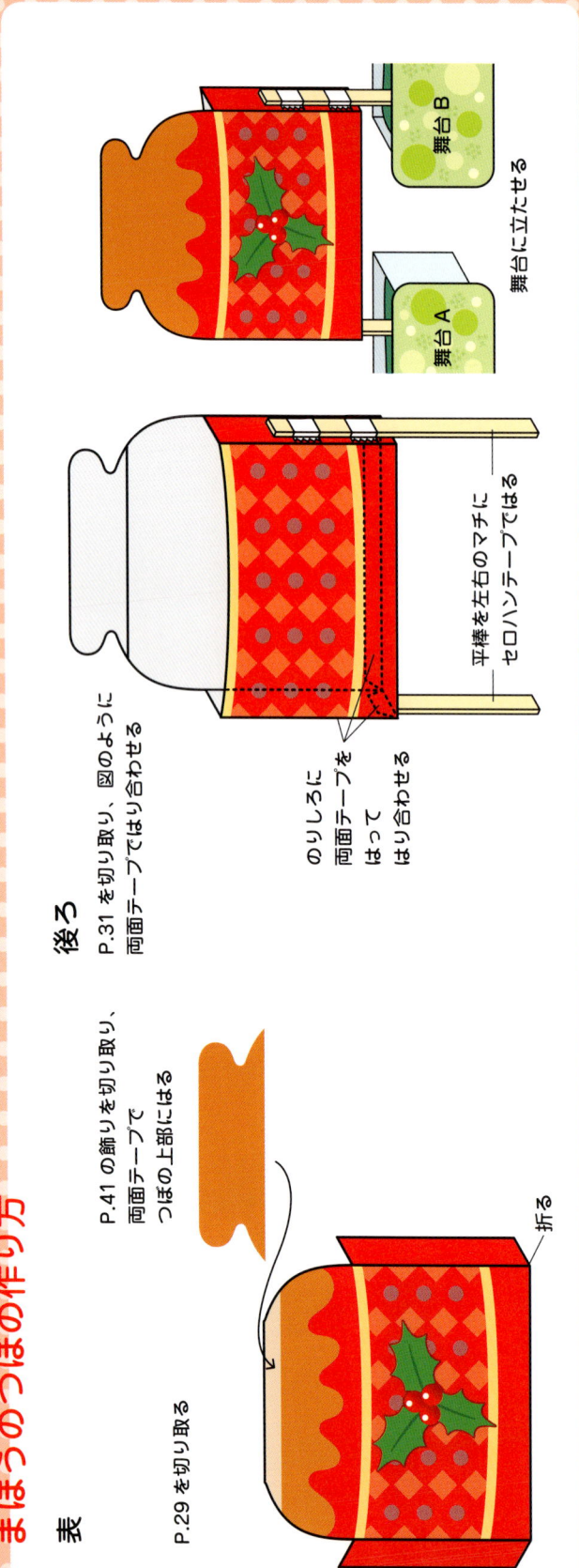

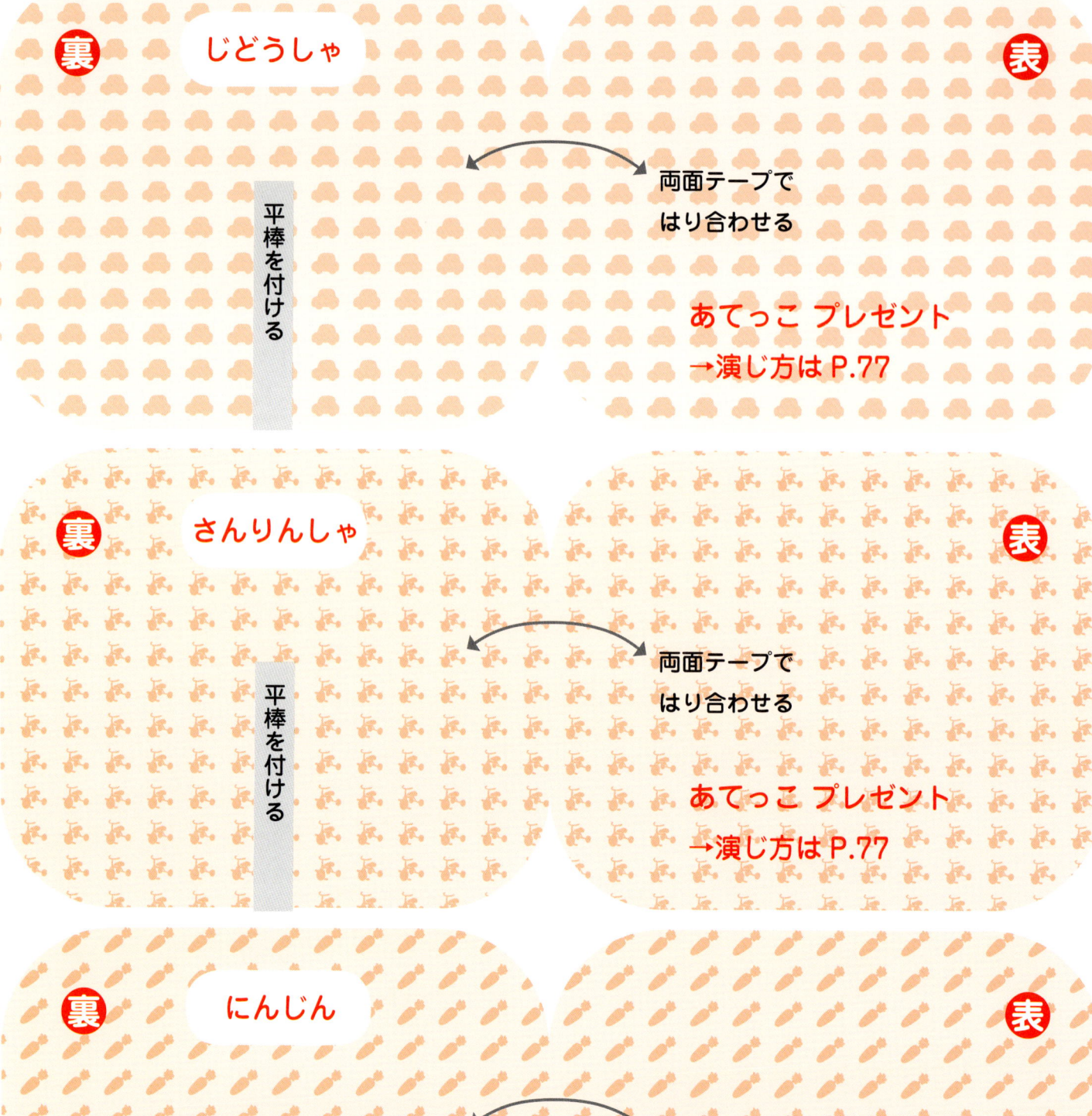

クリスマス **あてっこプレゼント** 35

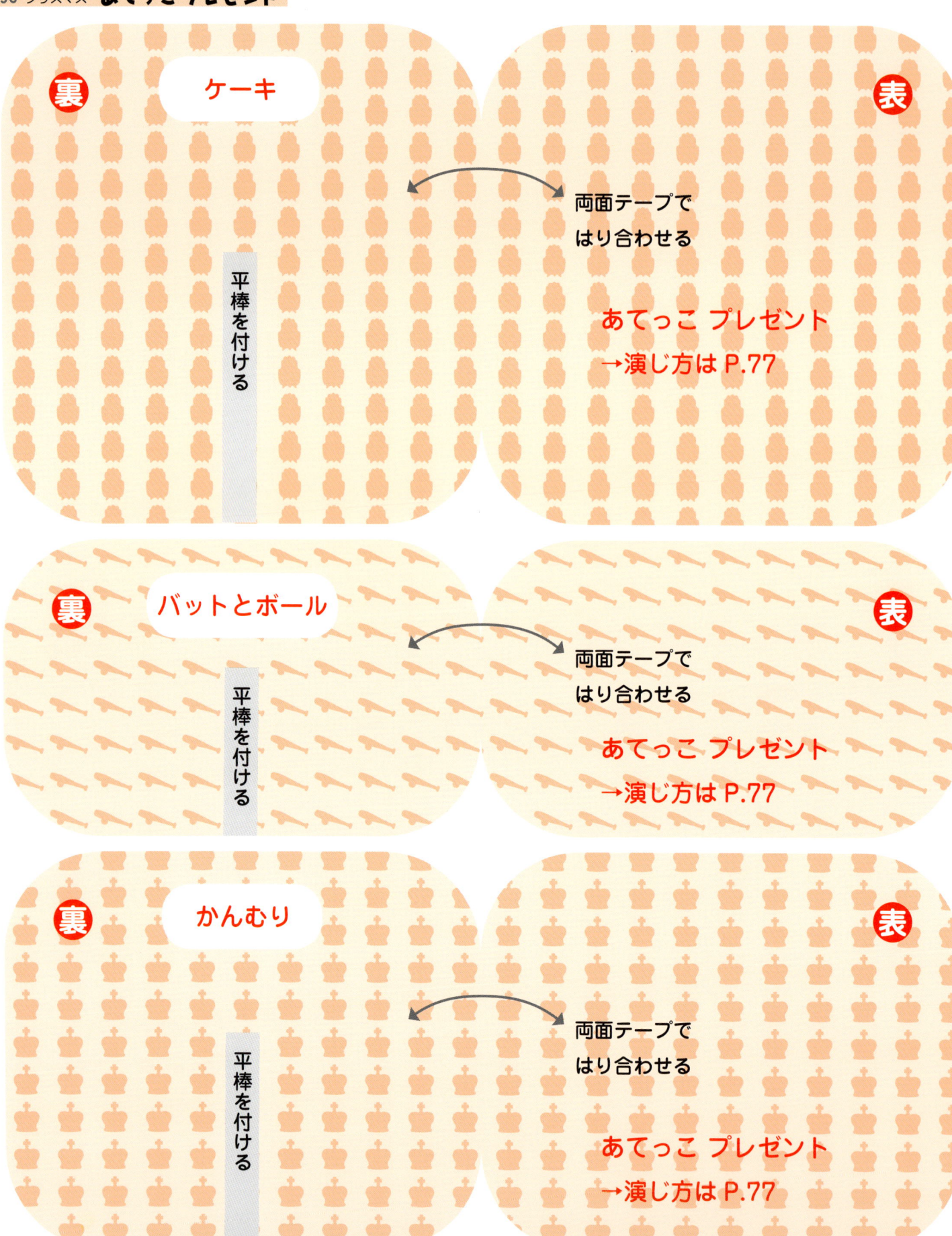

卒園・進級 **おもいでの びっくりアルバム** 37

38 卒園・進級 **おもいでの びっくりアルバム**

おもいでの びっくりアルバム → 作り方・演じ方はP.80

40 卒園・進級 **おもいでの びっくりアルバム**

おもいでの びっくりアルバム→作り方・演じ方はP.80

誕生会 **よくみて たんじょうび** 41

くだもの・うさぎ

まほうのつぼ・
飾り
「あてっこ
プレゼント」で
使います

イラストの線で
切り取ります

42 誕生会 **よくみて たんじょうび**

花束・子ども

まほうのつぼ・飾り　→作り方はP.32

あてっこ プレゼント→演じ方はP.77

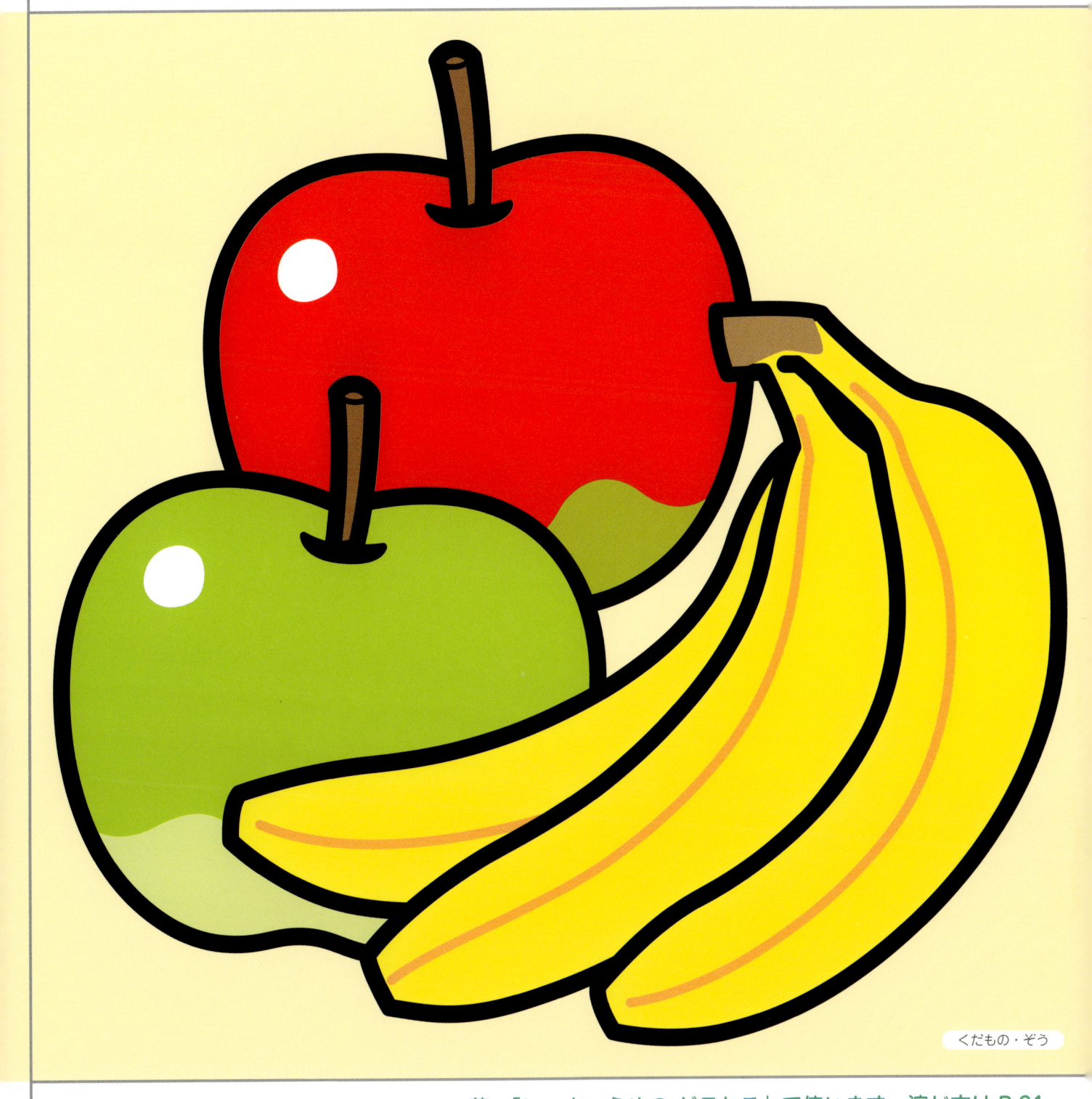

誕生会 **よくみて たんじょうび** 43

くだもの・ぞう

上はこの線で切り取ります

草 「いっちょうめの ドラねこ」で使います→演じ方は P.91

44 誕生会 **よくみて たんじょうび**

花束・ねこ

草

いっちょうめの ドラねこ→演じ方は P.91

誕生会 **よくみて たんじょうび** 45

あめでとう

ケーキ・あり

上はこの線で切り取ります

草 「いっちょうめの ドラねこ」で使います→演じ方は P.91

46 誕生会 **よくみて たんじょうび**

しろやぎさん おめでとう

白やぎカード・1

草

いっちょうめの ドラねこ→演じ方は P.91

誕生会 **よくみて たんじょうび** 47

おめでとう

ケーキ・りす

上はこの線で切り取ります　　草 「いっちょうめの ドラねこ」で使います→演じ方は P.91

48 誕生会 **よくみて たんじょうび**

しろやぎさん おめでとう

白やぎカード・2

草

いっちょうめの ドラねこ→演じ方は P.91

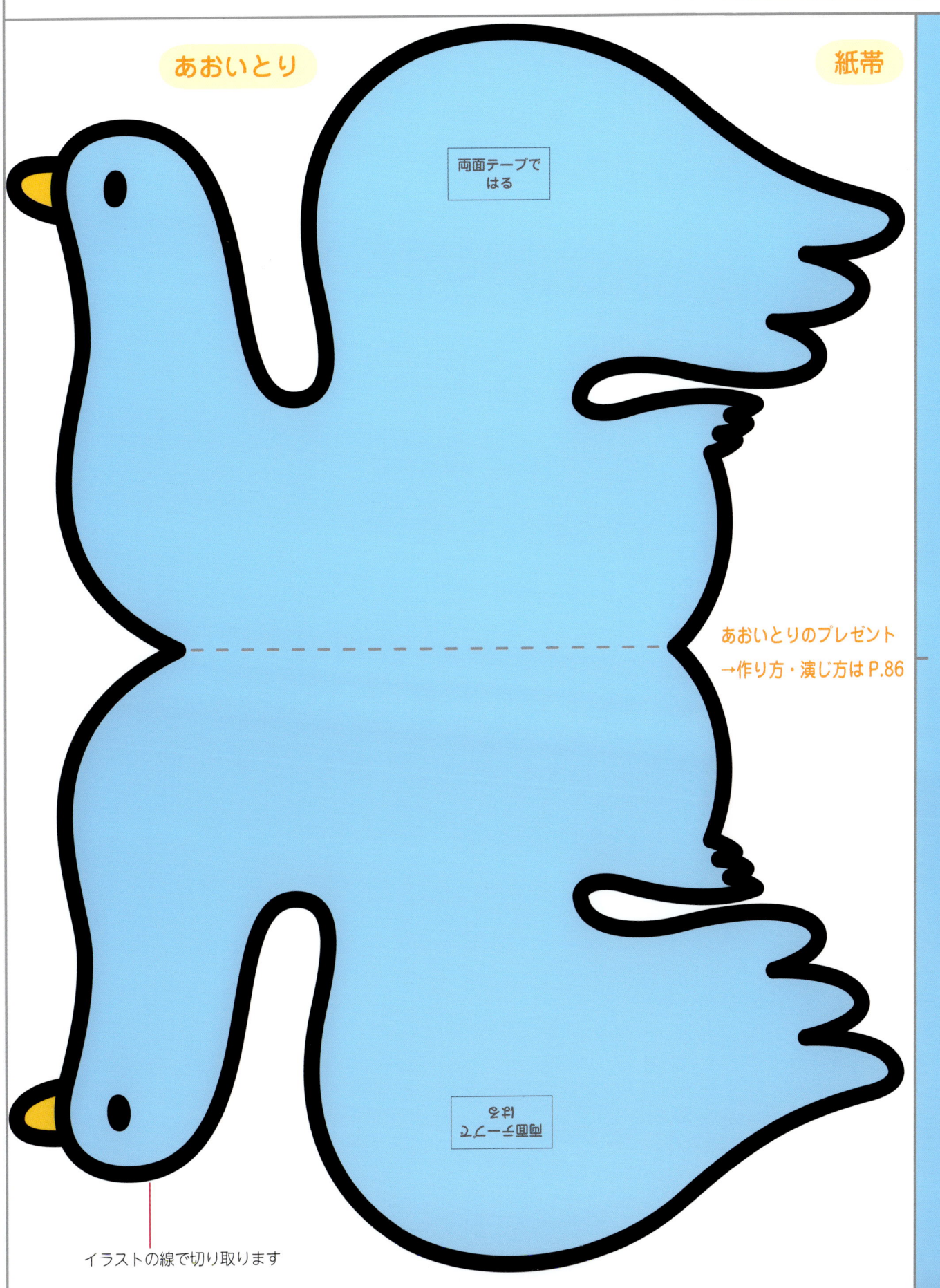

誕生会 **あおいとりのプレゼント** 49

あおいとり　　　　　　　　　　　　　　　　　　　　　　　紙帯

両面テープで
はる

あおいとりのプレゼント
→作り方・演じ方は P.86

両面テープで
はる

イラストの線で切り取ります

50 誕生会　**あおいとりのプレゼント**

両面テープで
はる

両面テープで
はる

両面テープで
はる

両面テープで
はる

誕生会 **あおいとりのプレゼント** 51

プレゼント

イラストの線で切り取ります

52 誕生会 **あおいとりのプレゼント**

おむすび

ひこうき

チューリップ

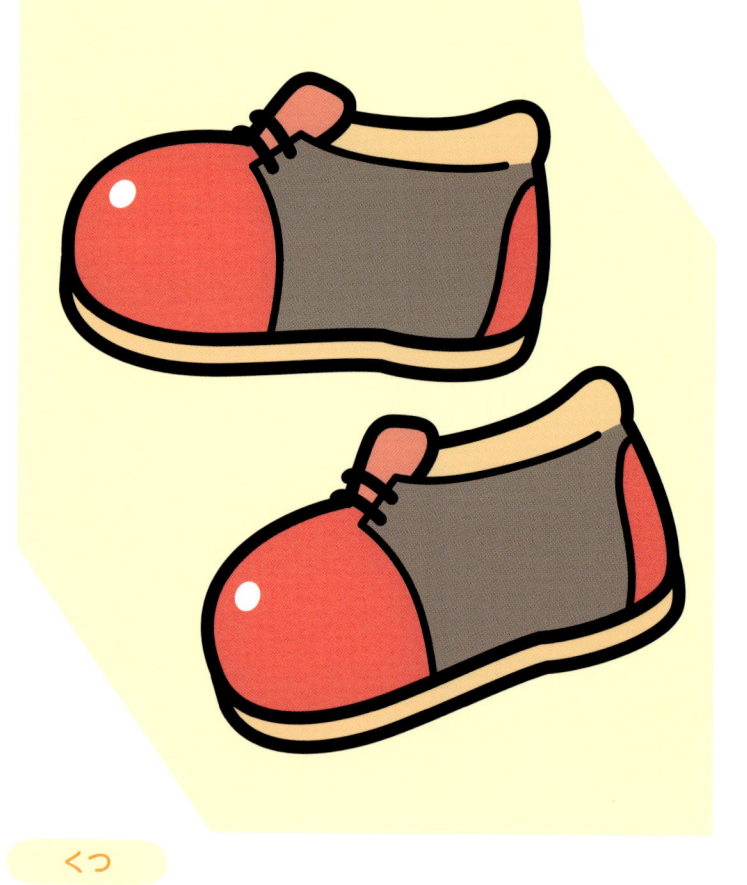

くつ

歌ってペープサート **パンやさんにおかいもの** 53

サンドイッチ

メロンパン

ねじりドーナツ

54 歌ってペープサート **パンやさんにおかいもの**

歌ってペープサート **パンやさんにおかいもの** 55

パンのみみ

しょくパン

チョコパン

56 歌ってペープサート **パンやさんにおかいもの**

歌ってペープサート **パンやさんにおかいもの** 57

あんパン

クリームパン

ドーナツ

58 歌ってペープサート **パンやさんにおかいもの**

平棒をつける

パンやさんにおかいもの →演じ方はP.88

看板

平棒をつける

歌ってペープサート **いっちょうめの ドラねこ** 59

ドラねこ

クロねこ

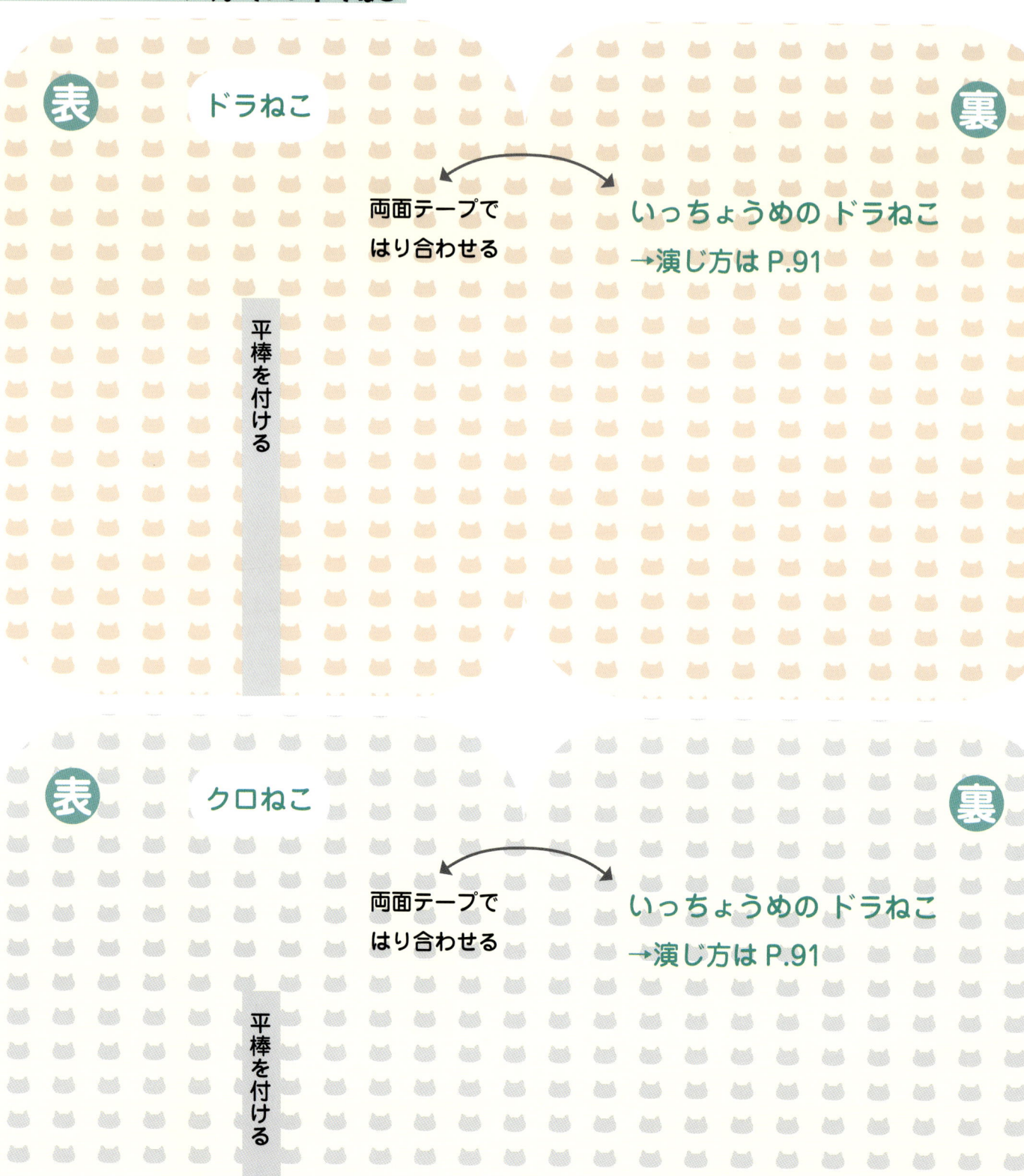

60 歌ってペープサート **いっちょうめの ドラねこ**

表　ドラねこ　　　　　　　　　　　　　　　　裏

両面テープで　　　　いっちょうめの ドラねこ
はり合わせる　　　　→演じ方は P.91

平棒を付ける

表　クロねこ　　　　　　　　　　　　　　　　裏

両面テープで　　　　いっちょうめの ドラねこ
はり合わせる　　　　→演じ方は P.91

平棒を付ける

歌ってペープサート **いっちょうめの ドラねこ** 61

ミケねこ

トラねこ

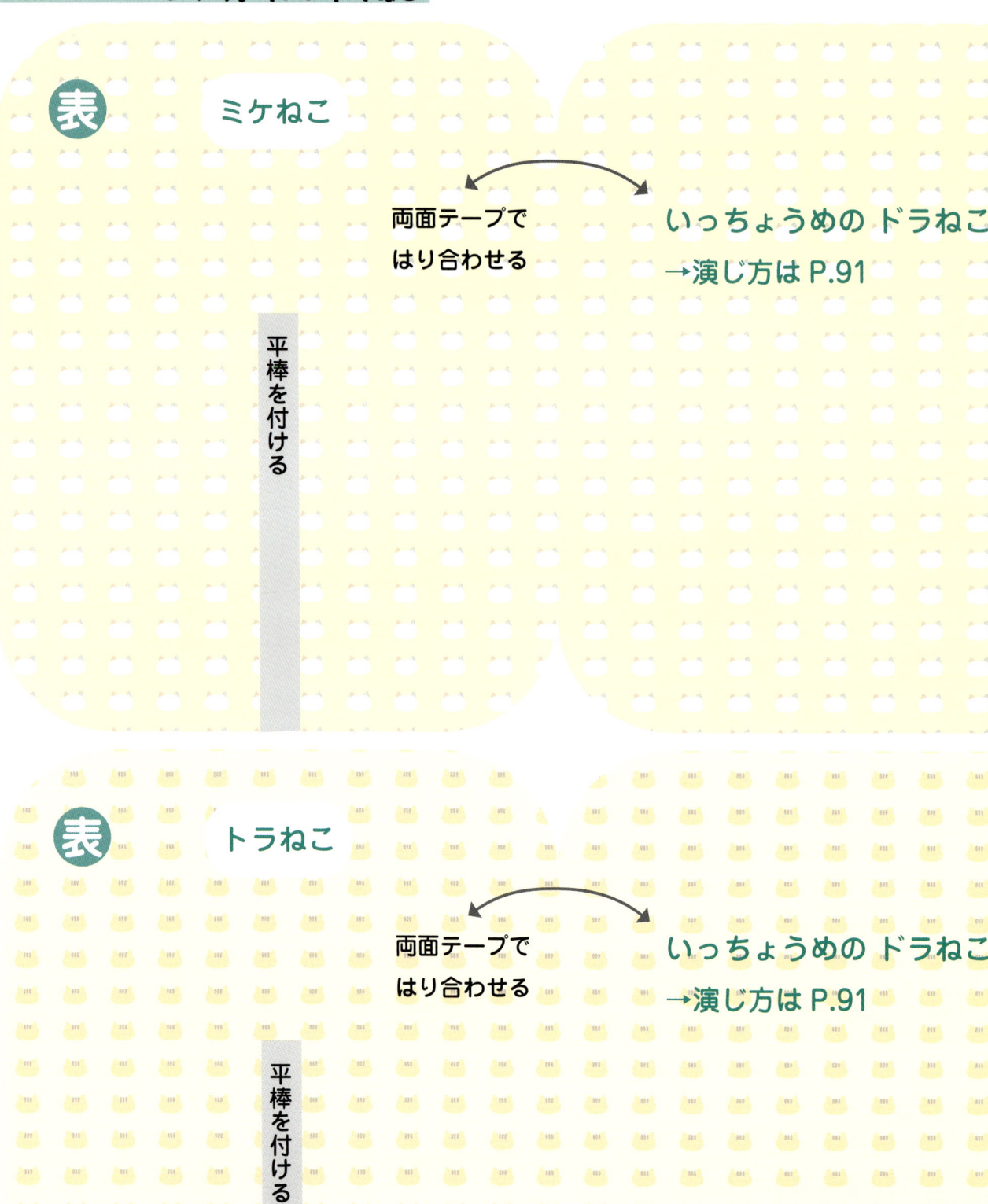

歌ってペープサート いっちょうめの ドラねこ

表 ミケねこ　　　　　　　　　　　　　　　　　　　　　**裏**

両面テープで
はり合わせる

いっちょうめの ドラねこ
→演じ方は P.91

平棒を付ける

表 トラねこ　　　　　　　　　　　　　　　　　　　　　**裏**

両面テープで
はり合わせる

いっちょうめの ドラねこ
→演じ方は P.91

平棒を付ける

歌ってペープサート **いっちょうめのドラねこ** 63

＊このお話には
P.43〜47の「草」も
いっしょに使います

おめでとう

上はこの線で切り取ります

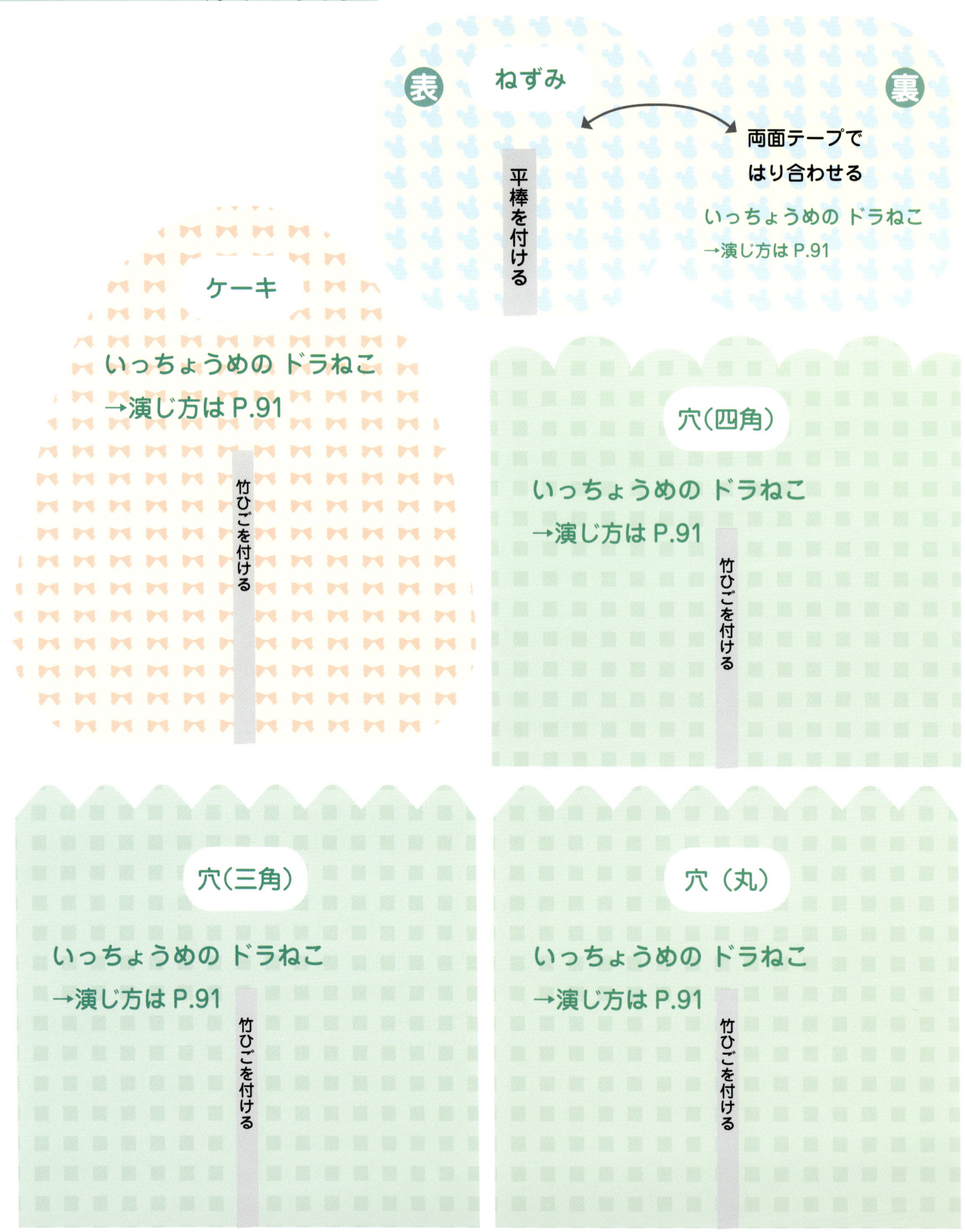

64 歌ってペープサート **いっちょうめの ドラねこ**

表 ねずみ 裏

両面テープで
はり合わせる

いっちょうめの ドラねこ
→演じ方は P.91

平棒を付ける

ケーキ

いっちょうめの ドラねこ
→演じ方は P.91

竹ひごを付ける

穴（四角）

いっちょうめの ドラねこ
→演じ方は P.91

竹ひごを付ける

穴（三角）

いっちょうめの ドラねこ
→演じ方は P.91

竹ひごを付ける

穴（丸）

いっちょうめの ドラねこ
→演じ方は P.91

竹ひごを付ける

解説編

P.3～64のアイテムを使った出し物の台本を紹介します！

ペープサート・絵カードの作り方

＊ペープサートの部品や、絵カードを切り取ります。——が切り取り線です。最初にページ全体を切り取ってから、細かいところを切ってもよいでしょう。平棒・竹ひごがなければ、割りばしを使うこともできます。

ペープサートの作り方

＊大きいペープサートは、平棒（割りばし）を間に挟んで2つ折りにし、両面テープではり合わせます。
（のりを使う場合は、テープのりなどの水分を含まないのりを使用してください）

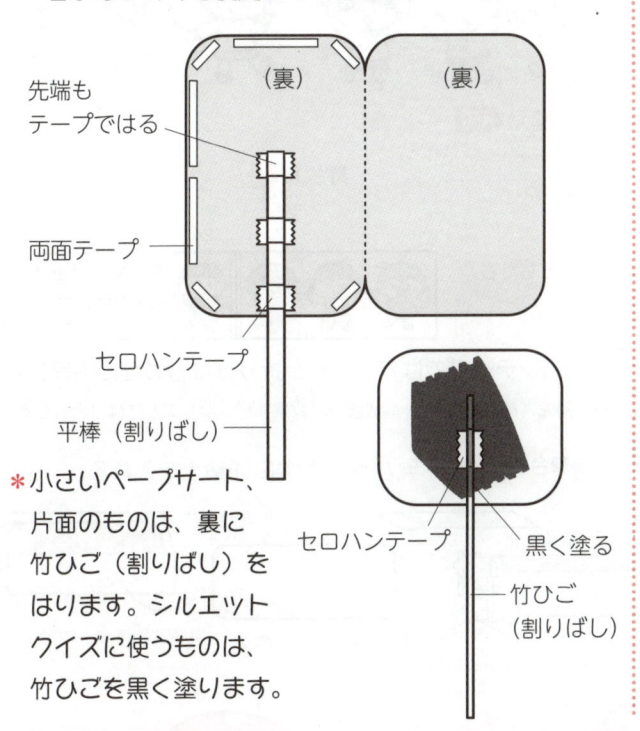

- 先端もテープではる
- 両面テープ
- （裏）
- セロハンテープ
- 平棒（割りばし）

＊小さいペープサート、片面のものは、裏に竹ひご（割りばし）をはります。シルエットクイズに使うものは、竹ひごを黒く塗ります。

- セロハンテープ
- 黒く塗る
- 竹ひご（割りばし）

絵カードの作り方

① 折り線を付けるときは、線のそばにものさしを当て、図のようにハサミやカッターナイフの背で薄く線を付けます。

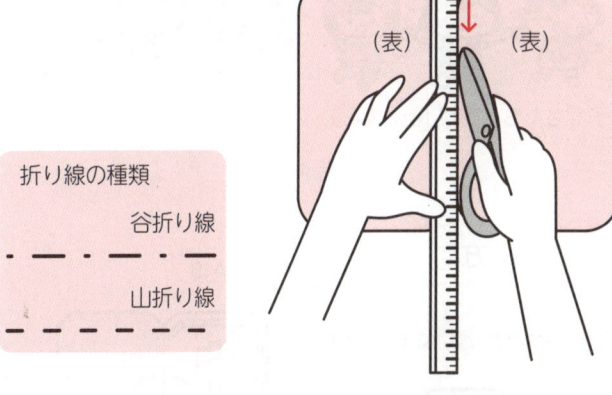

（表）（表）

折り線の種類
- －・－・－ 谷折り線
- －－－－ 山折り線

② 付けた線で軽く2つ折りにし、太いフェルトペンの軸などで紙をこすり、折り筋をしっかり付けると、きれいにしあがります。

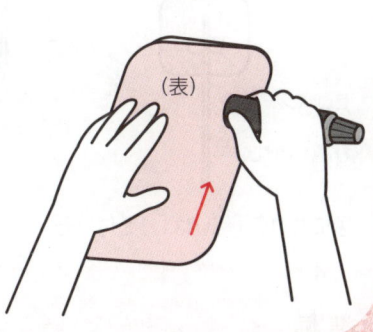

（表）

＊本書で使用している商品について （2014年度総合カタログにて掲載）

お求めは、ひかりのくに営業マン、またはお近くの代理店までお願いいたします。

裏・表をはり合わせるペープサートに！

ペープサート竹セット
V-49200　20本　税別 **534**円
○大きさ／長さ約28cm
＊ペープサート遊びをする際に使用する竹ぐしのセットです。裏表の変換がキレ良く決まります。

ペープサート用ひのき棒
V-44300　50本　税別 **1,300**円
○大きさ／2mm×1cm 長さ45cm
＊A4サイズのペープサートを演じるのに、折れにくく、加工しやすい角棒です。

＊本書では「**平棒**」と表記しています

竹セット
ひのき棒

片面だけのペープサートに！

竹ひご
1.8mm　0-61800
160本　税別 **1,048**円
3mm　0-61900
80本　税別 **953**円
4mm　0-62000
40本　税別 **858**円
○大きさ／長さ36cm（各サイズとも）
たこ作りなどの、各種製作にも、お役立てください。

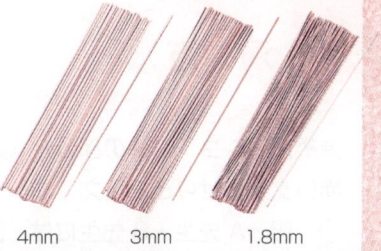

4mm　3mm　1.8mm

＊本書では「**竹ひご**」と表記しています

入園・進級

みんなを まってるよ

先生たちも、えほんやつみきも、ぬいぐるみやいすだって、みんな新しいお友達を待っています。入園児・進級児を温かく歓迎しましょう！

ペープサート
5分　1〜5歳

用意するもの　P.3-10

- えほん P.5
- つみき P.5
- ぬいぐるみ P.7
- いす P.7
- 先生A P.5 表 
- 先生A 裏
- 先生B P.7 表
- 先生B 裏
- 子どもたち　新入園児 P.9 
- 進級園児 P.10
- 舞台A P.3 
- 舞台B P.3 

作り方

えほん・つみき・ぬいぐるみ・いす
セロハンテープ／竹ひご（割りばし）
裏に竹ひご（割りばし）を付ける

先生A・B 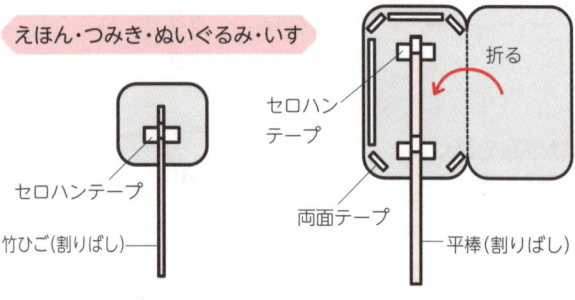
セロハンテープ／両面テープ／平棒（割りばし）／折る
2つ折りにする

子どもたち 
セロハンテープ
セロハンテープではり合わせ、折り線に合わせて階段折りする
新入園児（背景が黄色）、進級園児（背景がピンク）ごとにはり合わせる。

舞台A・B　牛乳パックの中に油粘土を入れる。
切り取る／牛乳パック／折り畳んでテープで留める／側面に両面テープではる／油粘土

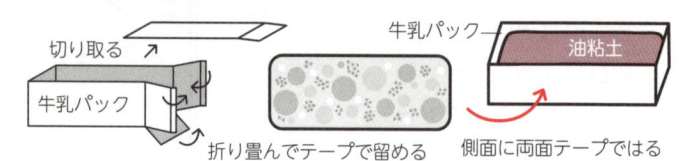

準備

* 机の上に舞台A・Bを少し離して置く。
* ペープサートは机の上に伏せて置く。
* 子どもたちの絵カードは折り畳んで、演じ手のポケットに入れる。

演じ方

* 進級バージョンは★の部分を（進級児バージョン）の赤い文字のせりふに変えて演じます。
* ○○園・A先生・B先生には、園名や担任の名前を入れましょう。

舞台A　舞台B

ナレーター	○○園の前でA先生とB先生が何か話していますよ。 （先生A・Bを、表面を見せて持つ）
先生A	待ってるのよね〜。
先生B	待ってるんだよね〜。
先生A	まだ、来ませんよ。
先生B	まだ、まだ、来ませんよ。
先生A・B	🎵「みんなを まってるよ」1番 　まってるよ　まってるよ 　まって　まって　まって　いるんだよ　※1 （両手のペープサートを自由に振りながら、途中まで歌う）
ナレーター	そこに、えほんとつみきがやってきました。 （先生A・Bを舞台Bに差し、えほんとつみきを右手で持つ）
えほん	先生、まだなんですか？
つみき	まだなんですか？ （先生Aを左手に持つ）
先生A	まあ、えほんさん、つみきさん…… （先生Bも左手に持つ）
先生B	それが、まだなんですよ。
ナレーター	みんなは声を合わせて歌いました。
つみき・えほん 先生A・B	🎵「みんなを まってるよ」1番　※1を繰り返す （両手のペープサートを自由に振りながら、途中まで歌う）
	（先生A・Bを舞台Bに、えほんとつみきを舞台Aに差し、いすとぬいぐるみを右手で持つ）
いす	おーい、おーい！
ぬいぐるみ	いったい、みなさん、何を待っているんですか？ （先生Aを左手に持つ）
先生A	あれ、いすさん、ぬいぐるみさん。 今日は○○園の大切な日ですよ。 （先生Bも左手に持つ）
先生B	忘れたんですか？
いす	大切な日？ あっ、思い出した！
ぬいぐるみ	ほらほら、だれか来るんですね。

入園・進級 ● みんなを まってるよ

67

いす	そうだ、そうだ！　来るんです、来るんです！ （先生A・Bを舞台Bに、いすとぬいぐるみを舞台Aに差す）
全員	♪「みんなを まってるよ」1番 まってるよ まってるよ まって まって まって いるんだよ みんなを まってるよ （手拍子をしながら、最後まで歌い、歌い終わったらえほんを持つ）
えほん★	今日は○○園に、新しい子どもたちが来るんだよね。 ぼくのこと、「えほん大好き」って言ってくれるかな。
（進級バージョン）	今日から、年少さんは年中さんに、年中さんは年長さんになるんだ。 新しい年中さんと、年長さんが来るんだね。 （えほんを舞台Aに戻し、つみきを持つ。以下、それぞれ、せりふを言う際に手に持ち、終わったら戻す）
つみき★	「つみき、おもしろい！」って言ってくれるかな。
（進級バージョン）	前より、もっといっぱい遊ぼうね。
ぬいぐるみ★	「ぬいぐるみで遊びたい」って言ってくれるかな。
（進級バージョン）	前より、もっといっぱいだっこしてね。
いす★	ちゃんと、いすに座ってくれるかなあ。
（進級バージョン）	前より大きくなったから、重たいかも。 よし、がんばるぞ！ （先生Aを持ち、裏面を見せる）
先生A	来ましたよ、うれしいね！ （先生Bを持ち、裏面を見せる）
先生B	来ましたね、うれしいね！ （先生A・Bを舞台Bに差す）
ナレーター★	そうです、今日は○○園の始まりの日です。 ほら、子どもたちがいーっぱい…… （ポケットから入園児の絵カードを出し、せりふに合わせて、少しずつ広げていく）

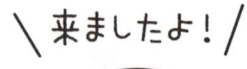

入園・進級 ● みんなを まってるよ

(進級バージョン) そうです、今日から○○組は△△組に、
△△組は□□組になります。
もっと、もっと元気に、みんなで仲よく、
いーっぱい遊びましょうね。
(ポケットから進級児の絵カードを出し、せりふに
合わせて、少しずつ広げていく)

全員
♪「みんなを まってるよ」2番
まってたよ まってたよ
まって まって まって いたんだよ
きょうから ともだちだ

(広げた子どもの絵カードを自由に振りながら歌う)

ちょっとひと工夫

● 小道具をプラス

大きな舞台を使って演じるときは、サクラの木や園舎の絵を描いて立てたり、最後の歌に合わせて、紙吹雪をまいたりすると、より効果的です。

♪ みんなを まってるよ

作詞・作曲／阿部直美

♩=108

1. まって るよ まって るよ まって まって まって
2. まって たよ まって たよ まって まって まって

いるんだよ みんなを まってるよ
いたんだよ きょうから ともだちだ

プール

かえるの すいえいたいかい

どのかえるさんが、1番になるかを当てっこしてあそびます。
泳ぐかえるたちを応援することで、プールへの期待感をはぐくみましょう。

絵カード

⏰ 7分　👤 3〜5歳

用意するもの P.11-22・P.3　絵カードを切り取る

＊カードの裏にはすべて例文が入っています。

- 絵カード①（スタート）P.11
- 絵カード②（赤が1番）P.13 
- 絵カード③（黄色が1番）P.15 
- 絵カード④（青が1番）P.17 
- 絵カード⑤（コイ）P.19 
- 絵カード⑥（全員メダル）P.21 
- 舞台A P.3 
- 舞台B P.3 

→作り方はP.66

★絵カードは基本的に紙芝居のように重ねて持ちます。
★P.72からの実況中継はアドリブで自由に子どもたちに話してみましょう。（カード裏の例文を参考にしてもよいでしょう）

準備
＊机にテーブルクロスを掛け、舞台A・Bを並べて置く。
＊絵カード⑥を舞台の後方に置く。
＊絵カード①を表にして、①〜⑤を持って立つ。

演じ方

（絵カード①を見せながら、子どもたちに語りかける）
かえるさんたちが、水泳大会を開くことにしました。

あかがえるさん、あおがえるさん、きいろがえるさん。
さあ、だれが1番になるでしょう。
あかがえるさんと思う人、手を上げてください。
（あかがえると思う子どもは手を上げる。同じようにあおがえる、きいろがえるについても問いかけ、だれが1番になるかを予想する）

みんな、応援するかえるさんが決まりましたね。

あかがえるさんを応援する人は、
「がんばれ、がんばれ、あかがえる！」と言ってみましょう。
(子どもたちは、声を出して応援する)
では、あかがえるさんを応援する歌をうたいます。

> 🎵「かえるの応援歌」1番
> かえるの　かえるの　すいえいたいかい
> がんばれ　がんばれ　あかがえる
> 「オーッ」「がんばれーっ！」

(保育者が1回歌ったあと、あかがえるを応援する子どもたちと
いっしょに繰り返す)

あおがえるさんを応援する人は、
「ファイト、ファイト、あおがえる！」と言ってみましょう。
(あかがえると同様に、声に出して応援したあと、歌をうたう)

> 🎵「かえるの応援歌」2番
> かえるの　かえるの　すいえいたいかい
> ファイトだ　ファイトだ　あおがえる
> 「オーッ」「ファイトだーっ！」

きいろがえるさんを応援する人は
「それいけ、それいけ、きいろがえる」です。
言ってみましょう。
(同様に、声に出して応援したあと、歌をうたう)

> 🎵「かえるの応援歌」3番
> かえるの　かえるの　すいえいたいかい
> それいけ　それいけ　きいろがえる
> 「オーッ」「それいけーっ！」

では、カードを混ぜますよ。

> カードを混ぜる手順
> ・①と⑥のカードを机の上に置く。
> ・②〜⑤のカードを、子どもたちに見えないように、机の下で
> 　シャッフルする。
> ・シャッフルが終わったら、①のカードを表、次にシャッフルした
> 　②〜⑤のカード、最後に机に置いてあった⑥のカードを重ね、
> 　全部まとめて、紙芝居のように持つ。

(①のカードを見せながら)
パンパカパーン！　水泳大会の始まりです。

ヨーイドン！　3匹ともじょうずに飛び込みました。
(①のカードを引き抜き、舞台後方に置く。
次のカードを見せながら、カードの絵に合わせた実況中継をする。
カードの裏の例文を利用してもよい)

(絵カード②の場合)
あっ！　あかがえるさんが先頭です。
あおがえるさんも負けていませんよ。
あら〜っ、きいろがえるさんは、葉っぱのところで
ひと休みしていますよ。だいじょうぶなんでしょうか……
「それいけ、それいけ、きいろがえる！」
(負けそうなかえるには、そのかえるを応援する子どもたちに応援を
促す。歌をうたってもよい)
(終わったら、カードを舞台A・Bの後ろに伏せ、次のカードを見せる。
同様に、実況中継・応援をしながら、絵カードを見せていく)

(絵カード③の場合)
きいろがえるさん、先頭です。速いです。
葉っぱの下に潜ってしまったあおがえるさん、
出てくるように応援しましょう。
「ファイト、ファイト、あおがえる！」
あっ、あかがえるさんは、岩にぶつかりそう。気をつけて！

(絵カード④の場合)
今度はあおがえるさんがリード。
でも……パンツはだいじょうぶ？
きいろがえるさんは背泳ぎで追いかけます。
あら〜っ、あかがえるさん疲れちゃったかな。
「がんばれ、がんばれ、あかがえる！」

(絵カード⑤の場合)
(最後に出てきたカードで先頭のかえるを、1番として締めくくる)
かえるさんたちが泳いでいるのを見て、
コイやドジョウがやって来ました。
あらら、あかがえるさんたら、コイの上に
乗っているんだもの……速い、速い！
1番はなんと、あかがえるさんでした！　おめでとう。

(最後に絵カード⑥を見せながら)
先頭が何度も変わったり、コイやドジョウもやって来たり、
とってもゆかいな水泳大会でした。
3匹ともすごくがんばったので、
全員に「がんばったね金メダル」を掛けてあげましょう。

○日から園のプールも始まりますよ。
みんなもかえるさんたちに負けないように、
いーっぱい泳ぎましょうね。

＊絵カード②〜⑤では、あかがえるが２回先頭に
なっています。短時間で演じるときは、絵カード⑤を
使わず、②〜④で演じてもよいでしょう。

＊１枚の絵カードの実況中継が終わったら、紙芝居のように
後ろに重ねるのではなく、机の上に置くようにすると、
最後のページになったことがよくわかります。

ちょっとひと工夫

●実況中継を楽しく

保育者のユーモラスな実況中継があそびを盛り上げる
キー・ポイントになります。
絵カードの裏の例文も参考にしながら、絵柄をよく見て
中継しましょう。子どもたちの応援も取り入れ、
お話に参加して楽しめるようにします。

●プール開きに向けて

プールが始まる４〜５日前から、毎日１回、
当てっこゲームを楽しみましょう。
初めは絵カード⑥のメダルの場面は使わず、
泳ぐシーンだけで、１番を当てることを楽しみます。
いよいよ明日がプール開きという日に、
絵カード⑥を最後に見せて、勝ち負けではなく、
みんなでプールを楽しもうと、締めくくるとよいでしょう。

♪ かえるの 応援歌

作詞・作曲／阿部直美

♩=114

1.〜3. かえるのかえるの　すいえいたいかい
　　　｛がんばれ がんばれ　あかがえる｝　「オーッ」　「がんばれーっ！」
　　　｛ファイトだ ファイトだ　あおがえる｝　「オーッ」　「ファイトだーっ！」
　　　｛それいけ それいけ　きいろがえる｝　「オーッ」　「それいけーっ！」

秋の遠足

ブレーメンの えんそく

ブレーメンの音楽隊が遠足に出かけました。どろぼうからお弁当を守るために、4匹は……。親しみのある物語を、楽しい秋の遠足にアレンジしました。

■ 絵カード
🕐 6分　👤 3〜5歳

用意するもの
P.23-28

作り方

表 絵カード①・② P.23　表 絵カード③・④ P.25　表 絵カード⑤・⑥ P.27

絵カードを切り取り、①〜⑥を図のように並べて、セロハンテープではり合わせ、Ⓐと同様に

裏 絵カード⑦・⑧ P.28　裏 絵カード⑨・⑩ P.26　裏 絵カード⑪・⑫ P.24

①が表に出るようⒶ、⑥から裏側に巻き込むように折り、しっかりと折り目を付ける。

★折り線は、山折り・谷折り両方に使えるように、折り目をしっかり付ける。

準備
＊①を表にして、折った絵カードを持って立つ。

演じ方

(絵カード①を見せながら、子どもたちに語りかける)
ロバさん、イヌさん……
(絵カードを広げ、①・②を見せる)
ネコさん、ニワトリさんが、秋の遠足に出かけました。
えっ……この4匹、どこかで見たことがある……？
そうです。あのブレーメンの音楽隊の4匹です！

🎵「ブレーメンのえんそくだ」1番
　ブレーメンの　えんそくだ　あきの　えんそくだ
　おべんと　たくさん　もっていこう
　ヒヒーン　ワン　ニャン　コケコッコ

(①・②の絵カードを左右に振りながら歌う)

ブレーメンの えんそくだ

(①・②を内側に折り畳み、③・④を見せながら)
森にはきれいな木の葉や、大きなキノコ、
ふわふわのススキや、くねくね曲がったツルなど、
おもしろいものがいっぱい。
4匹は、お弁当の入ったリュックサックを
ほっぽり出したまま、遊んでいました。

🎵「ブレーメンのえんそくだ」2番
　ブレーメンの　えんそくだ　あきの　えんそくだ
　きのみや　きのはで　あそぼう
　ヒヒーン　ワン　ニャン　コケコッコ

(③・④の絵カードを左右に振りながら歌う)

(③・④を内側に折り畳み、⑤だけを見せながら)
……とみんながあそんでいると、木の陰から
あやしい手が……

(ゆっくりと広げ⑤・⑥を見せる)
なんと、あのときのどろぼうたち!

(どろぼうの声で)
「親分、みんなが遊んでいるすきに、
リュックサックをいただきましょうぜ。ヘッヘッヘ。
ウヒョヒョヒョ、今がチャンスだ!」

(声を戻して)
その声を聞いた4匹は……
(カードをすばやく裏返し、
縦に持って⑦のロバを見せる)
(せりふに合わせて、イヌ⑧、ネコ⑨、
ニワトリ⑩とカードを縦に広げ、
⑦〜⑩を見せる)
ロバの上にイヌ、イヌの上にネコ、
ネコの上にニワトリが乗りました。

秋の遠足 ● ブレーメンの えんそく

そして、とっても恐ろしい声で、
いっせいに
**ビビビビーン
ゴワワワン
ゴロニャーゴ
ゴゲゴゴゴッゴー**
と鳴きました。
(⑦〜⑩を震わせ、揺らす)

さあ、みんなも好きな動物になって、
こわーい声で鳴いてみましょう。
(子どもたちといっしょに鳴き声を繰り返す)

(どろぼうの声で)
「ヒエーッ、おたすけーっ！
おばけが出たあーっ！」

(⑦〜⑩を裏に折り畳み、⑪と⑫の間に入れる)

(カードのもとの形に持ち⑪を見せる)
(声を戻して)
と、どろぼうたちは逃げて行きました。

(カードを裏返して⑫を見せる)
4匹はお弁当をいっぱい食べて、
木の実や木の葉など、おみやげを
いっぱい持って帰って行きました。
よかったね。おしまい。

ビビビビーン

ゴワワワン

ゴゲゴゴ
ゴゴッゴー

よかったね

🎵 ブレーメンのえんそくだ

作詞・作曲／阿部直美

♩=114

1.2. ブ レ ー メ ン の　え ん そ く だ　あ き の え ん そ く だ

｛お べ ん と た く さ ん も っ て い こ う
き の み や き の は で あ そ ぼ う｝
ヒ ヒー ン ワン ニャン コケ コッ コ

クリスマス
あてっこプレゼント

逆さにしたシルエットを見ながら、プレゼントが何かを当てるゲームです。
子どもたちと楽しくやりとりしながら、答えを引き出していきましょう。

■ ペープサート
🕐 7分　👤 1～5歳

用意するもの　P.29-36・P.41・P.3

- 表 じどうしゃ P.33　裏
- 表 さんりんしゃ P.33　裏  
- 表 にんじん P.33　裏 
- 表 ケーキ P.35　裏 
- 表 バットとボール P.35　裏 
- 表 かんむり P.35　裏 
- まほうのつぼ・表 P.29 
- まほうのつぼ・後ろ P.31 
- まほうのつぼ・飾り P.41
  → 作り方は P.32
- 舞台A P.3 
- 舞台B P.3 
  → 作り方は P.66

作り方

じどうしゃ・さんりんしゃ・にんじん
ケーキ・バットとボール・かんむり

2つ折りにして、平棒を付ける
表が物の絵、裏がシルエットになる
セロハンテープ　平棒（割りばし）　両面テープではり合わせる　折る

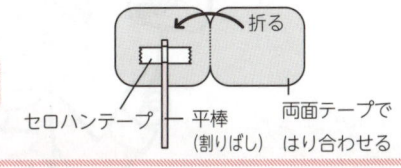

まほうのつぼ
P.32の作り方にしたがって、組み立てる。
左右のマチの部分に平棒（割りばし）をセロハンテープではる

準備

* 机に舞台A・Bを置き、まほうのつぼを立てる。
* 舞台A・Bの後ろにペープサートをシルエットの面を上にして置いておく。
* 保育者は、帽子をかぶるなど、サンタクロースの扮装をするとよい。

演じ方　　3～5歳児向き

わたしはサンタさんじゃ。クリスマスには
世界中の子どもにプレゼントを配るよ。
だから、今は、プレゼント作りで忙しいんじゃよ。
（つぼの後ろからじどうしゃのペープサートを取り出す。
シルエットの面を見せ、図柄が逆向きになるように棒を持つ）

この黒い物は何だかわかるかな？
（子どもたちに、何かを当ててもらう。答えがなかなか出ない場合は、
棒を動かし、正しい向きで見せる）

カエル　おかし

おかし、カエル、じどうしゃ……いろいろな答えが出たね。
さあてと、これをまほうのつぼに入れて、
まほうの歌をうたって、かき混ぜてみるよ。
（ペープサートをつぼの中に入れる）

🎵 **まほうでリラリラの歌**
まほうをかけます　リラリラリラリラ
パッ　ポーン

（歌いながらつぼの中でペープサートを回し、
表の面を見せながら「ポーン」で取り出す）

ホイ、じどうしゃでした。

（じどうしゃを舞台に差し、にんじんのペープサートを取り出す。
シルエットの面を見せ、図柄が下向きになるように棒を持つ）

さあてと、次は難しいよ。これは何かな？
ヒント！　おもちゃではありません。食べものじゃよ。

（じどうしゃの場合と同様、子どもたちの答えを聞き、
その後ペープサートをつぼに入れる。
歌をうたい、「ポーン」で取り出して、絵を見せる）
ホイ、にんじんでした。

ところで、このにんじんを
プレゼントしてほしいと言っているのは、
だれだかわかるかね。ヒントは耳が長い……
（子どもたちに答えを促す）
そう、大当たり！　うさぎさんじゃよ。
おもちゃより、にんじんがほしいんだとさ。

（そのほかのペープサートも同様に、シルエットを逆さに見せ、
子どもたちとやりとりしながら、歌をうたって答えを見せていく）
（最後にケーキを見せて締めくくるとよい）
ホイ、ケーキでした。
クリスマスのプレゼント、みんなのクリスマスケーキです！
メリークリスマス！

ことばがけ・ヒントの例

さんりんしゃ ………… 車が三つある乗りものじゃ。園にもあるよ。

バットとボール ……… 外で使うものだよ。ホームラン！ 三振！

かんむり …………… 帽子ではないけど、頭にかぶるもの。「はだかの王様」は、服は着ていなかったが、これはかぶっていたのじゃ。

ケーキ ……………… 甘くて、クリームとろーり、おいしいおかし。ふつうのときも食べるけれど、クリスマスに食べるのは、特別においし～い！

ちょっとひと工夫

●1・2歳児なら

ペープサートを全部つぼに入れ、シルエットは見せず、表が出るようにひとつずつ引き出して見せます。「ブッブッブウー、これは何かな」などと問いかけ、答えを引き出すとよいでしょう。答えが出たら、そのペープサートは舞台に差し、次のペープサートを引き出します。

♪ まほうで リラリラの歌

作詞・作曲／阿部直美

あそびのテンポで

ま ほ う を かけます　リラリラリラリラ　パッ ポーン

＊2小節目の⌒（フェルマータ）は、気を持たせるよう十分に伸ばします。
　4小節目の⌒は、ペープサートの動きに合わせるように伸ばします。

卒園・進級

おもいでのびっくりアルバム

手品のように絵が変わる絵カードです。1年間を振り返りながら、いろいろな場面を思い出し、子どもたちが成長を実感できるよう、心を込めて語りかけましょう。

■ 絵カード
🕐 5分　👤 3〜5歳

用意するもの　P.37-40

表 絵①・③　アルバムの台紙 P.37　絵⑥・⑧ 裏　裏 絵④・⑤　表 絵②・⑦　カード P.39

作り方

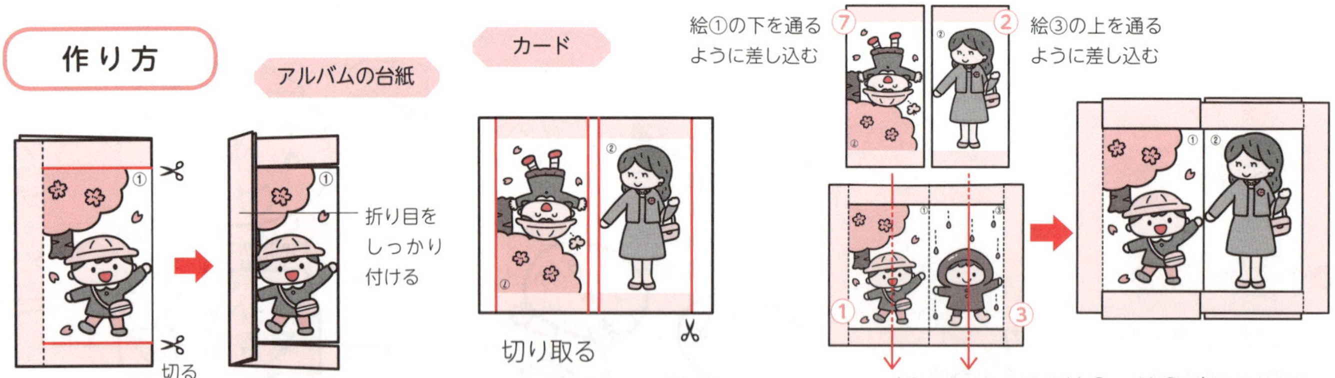

アルバムの台紙
切り込みを入れ、折り目を付ける
折り目をしっかり付ける

カード
切り取る

絵①の下を通るように差し込む
絵③の上を通るように差し込む
切ったカードを絵②・絵⑦が図の位置に入るようにアルバム台紙に差し込む

準備

＊アルバムを持って子どもたちの前に立つ。

演じ方

＊アルバムを一度閉じ、中央をすばやく開くと、手品のように絵が変わります。
差し込んだカードはのり付けしていないので、落ちないように気をつけましょう。ページを開いたら、少し左右に引っ張るように持ちます。

(①・②ページを開いて子どもたち見せ、語りかける)
春、夏、秋、冬……そして、もうすぐ４月です。
この１年間、いろいろなことがありました。
さあ、「おもいでの びっくりアルバム」を見てみましょう。

♪「いろんなことが ありました」１番
　うれしいな　たのしいな
　みんな　げんきに　ほいくえん（ようちえん）

(①・②ページを見せたまま歌う)

みんな、おうちの人と手をつないで、園にやって来ました。

(カードを中央から後方に折ってから、前方の中央に
指を入れて左右に開き、③・④ページを見せる。
場面が雨の日に変わる)

雨の日も風の日も、送り迎えをしてくれた
お父さんやお母さん、ほんとうにありがとう。

♪「いろんなことが ありました」２番
　あめのひや　かぜのひや
　ゆきのふるひも　ありました

そうそう、○月には、雪がたくさん降って、
みんなで雪だるまを作りましたね。
(思い出のエピソードを子どもたちと話し合う)

(アルバムを一度閉じ、腕の中をくぐらせるように回転させて
上下を入れ替え、⑤・⑥ページが出るように開く)

演じ手から見ると……

あめの
ひや

かぜの
ひや

(病気の場面に変わったページを子どもたちに見せ、歌う)

🎵「いろんなことが ありました」3番
　かぜひいて　ねつだして
　びょうきになった ひも ありました

かぜをひいたり、おなかが痛くなったりした
こともあったね。
でも、病気に負けなかったみんなはすごい！
お父さんやお母さんが、一生懸命
看病してくれたから、すぐに元気になったね。

(中央から後方に折り、中央に指を入れて左右に開き、
⑦・⑧ページを見せる。サクラの場面に変わる)

いろんなことが、いーっぱいあった1年間でした。
でもサクラの花が咲く4月になると、
年長組さんは、ランドセルの似合う小学生です。
年中組さんは年長組に、
年少組さんは年中組になりますよ。
おめでとう！

🎵「いろんなことが ありました」4番
　さくらさく　はるがきて
　みんなは　もうすぐ　いちねんせい
　いろんなことが　あ・り・ま・し・た

(サクラの場面を見せながら歌って締めくくる)

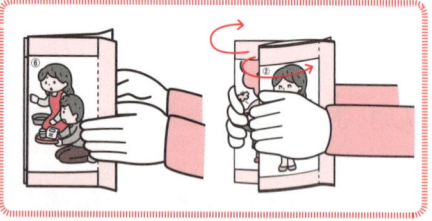

ちょっとひと工夫

●卒園児へは

①・②ページの入園の場面で、「入園してきたときは、お母さんの手を、なかなか離さない子もいました」など、成長を実感できるエピソードを加えましょう。また、「お父さんやお母さん、先生や給食室の方、園のお医者さん。いろいろな方々に見守られて、大きくなりました」など、周りの人たちに感謝する言葉を添えてもよいでしょう。

●進級児へは

③・④ページの雨の場面で「かさも自分でかたづけられるようになりました」、⑤・⑥ページの病気の場面で「注射が痛くても泣いたりしません」など、できるだけ具体的なエピソードを入れて、子どもたちが共感できるようにしましょう。

★びっくりアルバムを手作りしてみましょう★

園の行事に合わせたイラストを描いて、アルバムを作っても楽しいでしょう。

〈イラストの例〉

春 こどもの日

夏 プール

秋 運動会

冬 雪遊び

♪ いろんなことが ありました

作詞・作曲／阿部直美

♩=104

1. うれしいな　　たのしいな　　みーんなげんきに　ほいくえん
2. あめのひや　　かぜのひや　　ゆきーのふるひも　ありました
3. かぜひいて　　ねつだして　　びょうきになったひも　ありました
4. さくらさく　　はるがきて　　みんなはもうすぐ　　いちねんせい

いろんなこーとが　あり　ま　し　たー

誕生会

よくみて たんじょうび

うさぎさんがもらったプレゼントと、ぞうさんがもらったプレゼント、とても似ていますが、よく見ると違います。違うところを見つけて楽しむゲームです。

絵カード

🕐 7分　👤 3～5歳

用意するもの

P.41-48　絵カードを切り取る　　P.3　舞台A・B　→作り方はP.66

P.41　表 くだもの・うさぎ 　／　裏 花束・子ども
P.43　表 くだもの・ぞう 　／　裏 花束・ねこ
P.45　表 ケーキ・あり 　／　裏 白やぎカード・1
P.47　表 ケーキ・りす 　／　裏 白やぎカード・2

準備

＊机の上に舞台を並べて置き、その後ろにカードを重ねて置く。見比べるカードが、続けて取り出せる順番に重ねておく。

演じ方

うさぎさんは、お誕生日のプレゼントに、
くだものをもらいました。
（くだもの・うさぎのカードを取り出して、子どもたちに見せる）

はい、この絵がそのくだものです。
よーく見てください。何があるかな？
（くだものの名前や色などを問いかけ、答えを引き出す）

🎵 よくみて たんじょうびの歌
　よくみて　よくみて　よくみてね
　すてきな　すてきな　プレゼント
　おたんじょうびだ　ワーイワイ

(保育者が歌っている間、子どもたちはカードをよく見ておく)

(くだもの・うさぎのカードを子どもたちに見えないように机に伏せ、次にくだもの・ぞうのカードを取り出して見せ、歌う)

ぞうさんも、お誕生日のプレゼントに、くだものをもらいました。うさぎさんとよーく似ているけれど、違うところが3つあります。どこが違うか、わかるかな？

♪ **よくみて たんじょうびの歌** ･･････････････

(歌のあと、子どもたちとやりとりしてヒントを出しながら、答えを見つける)

答え：ミカンがリンゴになっている／バナナの数／イチゴがない

(そのほかのカードを使って、同様にあそぶ)

● **花束のカード**
(花束・子ども)
○○ちゃんが、花束をもらいました。
とってもいいにおいです。
(花束・ねこ)
ねこさんも花束をもらいました。
とってもいいにおいだニャンと言っています。
でも、ちょっと違うところが4個あります。どこかな？
答え：リボンの色／花が魚になっている／てんとう虫が飛んでいる
　　　黄色い花の数がひとつ少ない

● **ケーキのカード**
(ケーキ・あり)
ありさんの誕生日ケーキです。あめが大好きだから、ケーキの飾りもあめです。
だからね、ほら見て！「あめでとう」って書いてありますよ。

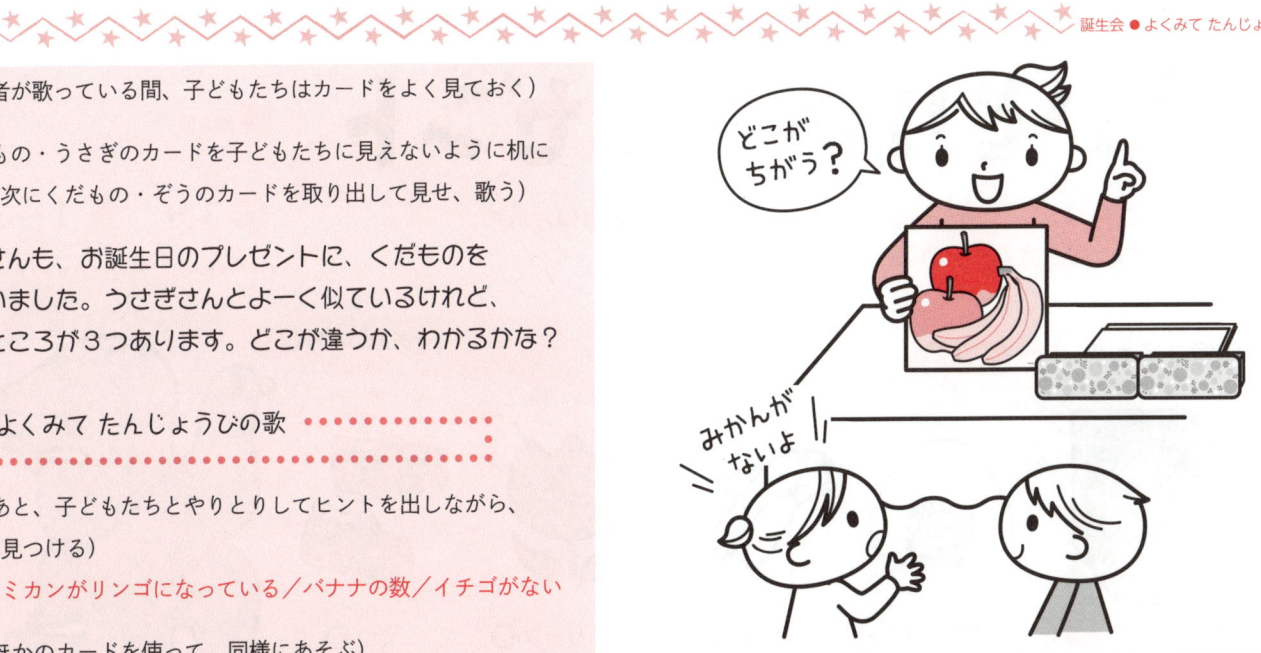

(ケーキ・りす)
りすさんも、よく似たケーキでお祝いです。
ありさんと違うところはどこかな？　5個あります。
答え：あめがドングリになっている／皿が木の葉になっている
　　　あめがローソクになっている／星の模様が花になっている
　　　文字が「おめでとう」

● **白やぎさんのカード**
(白やぎカード・1)
白やぎさんのところに、やぎのお友達の写真入りカードが届きました。これがそのカード。よーく見てね。
(白やぎカード・2)
でも、白やぎさんたら、カードをよく見ないで、「ウメェー」って食べちゃったの。
あらら、何色やぎさんたちがいたか
……みんなはわかるかな？
答え：赤／青／黄／緑／ピンク

♪ **よくみて たんじょうびの歌**　　　　　作詞・作曲／阿部直美

よくみて よくみて よくみてね　すてきなすてきな
プレゼント　おたんじょうびだ　ワーイワイ

誕生会

あおいとりのプレゼント

あおいとりさんがプレゼントを運んできてくれました。中身は何かな？
1～3歳児が、誕生会で楽しめる、かわいいゲームです。

絵人形

🕐 3分　👤 1～3歳

用意するもの　P.49-52

- プレゼント4個　P.51 表 
- おむすび　裏 
- ひこうき　裏 
- チューリップ　裏 
- くつ　裏
- あおいとり　P.49
- 紙帯

作り方

あおいとり
- 首の部分をはり合わせる
- 両面テープではる
- 折る
- 紙帯

2つ折りにして、紙帯をはる

プレゼント 
切り取る

羽の間にプレゼントを挟む

準 備

＊あおいとりの羽の間にプレゼントの箱を1枚挟んで、持つ。

演じ方

（子どもたちにあおいとりを見せ、語りかける）
○ちゃんのお誕生日に、あおいとりさんが飛んで来ましたよ。
パタパタパタ……

パタパタパタ…

誕生会 ● あおいとりの プレゼント

🎵 パタパタあおいとりの歌
あおいとり　パタパタ
○ちゃんの　とこへ　とんできた
おめでとうって　とんできた

(歌いながら紙帯を下に引き、また戻すと、羽が動いているように見える。中のプレゼントの箱が少しずつ見えるように、紙帯を引く)

あおいとりさんの背中に、プレゼントの箱がありますよ。
(羽の間からプレゼントの箱を取り出して、表を見せる)

箱の中には、何が入っているのかな？
ごはんをぎゅっと握って作る……
(裏返しておむすびを見せる)
そうです、こんなに大きなおむすびが入っていました。
あおいとりさん、おいしいプレゼントありがとう。
(ことりの羽に別のプレゼントを挟んで、同様に遊ぶ)

ちょっとひとエ夫

● メッセージを書いたバースデーカードなどを手作りして、あおいとりの羽に挟み、誕生日の子どもたちにプレゼントしても楽しいでしょう。

● 1・2歳児なら
「何が入っているのかな？」と問いかけ、答えの絵を見せたら、「ひこうきでした」などと、すぐ保育者が答えを言います。

● 3歳児なら
「空をブーンって飛ぶよ。何かな？」などとヒントを出して、子どもたちが考える時間を取ってから、答えを言いましょう。

🎵 パタパタあおいとりの歌　　　　　作詞・作曲／阿部直美

歌ってペープサート

パンやさんにおかいもの

顔を触って遊ぶ、あそび歌をモチーフにしたペープサートです。パンの名前を当てたり、シルエットから選ぶなぞなぞ遊びにしたり、年齢に合わせて楽しめます。

ペープサート
6分　3〜5歳

用意するもの　P.53-58・P.3

- サンドイッチ（2個） P.53 表 
- 裏　裏はすべて表のパンのシルエットになっています。
- メロンパン（2個） P.53
- ねじりドーナツ（2個） P.53
- パンのみみ（2個） P.55 
- しょくパン（2個） P.55 
- チョコパン（2個） P.55  
- あんパン P.57
- クリームパン P.57 
- ドーナツ P.57 
- 看板 P.57
- 舞台A・B P.3 →作り方はP.66

作り方

パン
裏に竹ひご（割りばし）を付ける
裏／セロハンテープ／竹ひご（割りばし）（絵にかかる部分は黒く塗る）

看板
裏に平棒（割りばし）を付ける
裏／平棒（割りばし）／セロハンテープ

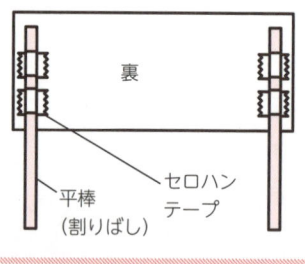

準備
* 机に舞台A・Bを置き、その間に看板を立てる。
* 舞台A・Bの看板の両側に、裏面を向けてパンを立てる。パンの数は自由。

演じ方　3・4歳児向き

（舞台に立てたシルエットのペープサートを指さし、子どもたちに語りかける）
森にちょっと変わったパン屋さんができました。
とってもおいしいって大評判なんです。
でも、パンが全部真っ黒！
みんなは、何パンかわかるかな？
（子どもの答えを待って）
それでは、みんなで、パン屋さんにお買い物に行きましょう。

パン屋さんができました

いっぱいあるね！

🎵 パンやさんにおかいもの
　パン　パン　パンやさんに　おかいもの
　サンドイッチに　メロンパン
　ねじりドーナツ　パンのみみ
　チョコパン　ふたつ　くださいな

(自分の顔をパンに見たて、歌いながら触って遊ぶ
→振り付けは P.95)

○○ちゃんが買いに来ましたよ。
(子どもの名前を呼ぶ)
どのパンがいいですか？
(子どもが自分の好きなペープサートを取る)
はい、まいどありがとうございます。
(保育者は子どもが選んだペープサートを受け取り、
みんなに見せる)

さあ、○○ちゃんが選んだパンは何パンかな？
(子どもたちはシルエットを見てパンの名前を当てる)
大当たり～！　メロンパンでした。
(同様に繰り返して遊ぶ)

演じ方　4・5歳児向き

(ペープサートを示しながら、子どもたちに語りかける)
パンやさんには、たくさんのパンがあります。
では、みんなで、パンやさんにお買い物に行きましょう。

🎵 パンやさんにおかいもの
(3・4歳向けと同様に歌って遊ぶ)

さて、ここで、なぞなぞを出します。
一度しか食べてないのに、三度も食べたって言ってる
パンは、この中のどれでしょう。答えがわかった人は、
そのパンを選んでね。

(答えがわかった子どもが、シルエットのカードの中から
サンドイッチのカードを取り保育者に渡す)
さあ、みなさん、この形は何パンでしょう……
(カードを裏返し絵を見せる)
大当たり〜！　答えはサンドイッチでした！
(同様になぞなぞを出して遊ぶ)

なぞなぞの例

- 目が6個もある、おばけパン。なーんだ？（メロンパン）
- 冬に食べても、夏だって言ってるのだーれだ？（ドーナツ）
- 耳のあるパンってなーんだ？（食パン）
- ガブっとかじっても、チョコっとしかかじっていないって言ってるパンは？（チョコパン）
- クリが入っているパンは、どーれだ？（クリームパン）
- あーんとあくびをしているパンはどれ？（あんパン）

ちょっとひと工夫

●パン屋さんごっこ

4・5歳児は、ペープサートを使って「パン屋さんごっこ」をしても楽しいでしょう。
子どもがパン屋さんになり、保育者やほかの子どもが買いに行きます。
「チョコパン2つくださいな」と数も言いながら、ペープサートをやりとりしてみましょう。

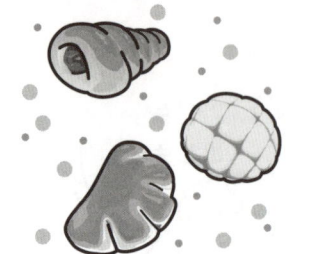

●2歳児なら

2歳児は、舞台などを使わず、ペープサートのシルエットの面を見せて、「このパン　なーんだ」と問いかけ、「メロンパンでした」と保育者が答えを言いながら、表の面を見せます。答えを当てるのではなく、絵柄の変化を楽しみましょう。

♪ パンやさんにおかいもの

作詞／佐倉智子　作曲／おざわたつゆき

1. パン　パン　パンやさんに　おかいもの　サンドイッチに　メロンパン　ね
2. ホイ　ホイ　たくさんまいどあり　じり　ドーナツ　パンのみみ　チョコパンふたつ　くださいな　はいどうぞ

歌ってペープサート

いっちょうめのドラねこ

人気の手あそび歌をペープサートにしました。ねことねずみの追いかけっこを楽しみましょう。ちょっとしたアレンジを加えると、いろいろな行事に使えます。

ペープサート

⏰ 6分　👤 3〜5歳

用意するもの　P.59-63・P.43-47・P.3

- 裏 ドラねこ P.59 表
- 裏 クロねこ P.59 表
- 裏 ミケねこ P.61 表
- 裏 トラねこ P.61 表
- 裏 ねずみ P.63 表
- 穴（丸） P.63
- 穴（四角） P.63
- 穴（三角） P.63
- ケーキ P.63
- 舞台A・B P.3 →作り方はP.66
- 草 P.43/45/47

作り方

穴・ケーキ
セロハンテープ
裏に竹ひご（割りばし）を付ける

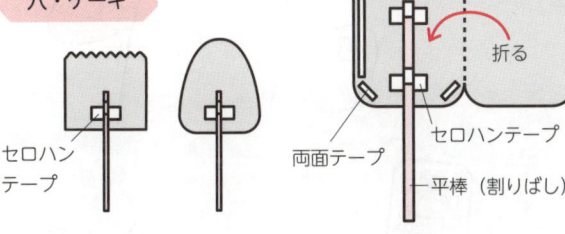

ねこ・ねずみ
折る
両面テープ
セロハンテープ
平棒（割りばし）
2つ折りにする

草
牛乳パックの中に油粘土を入れる。側面に切り取った草を、自由にはる。

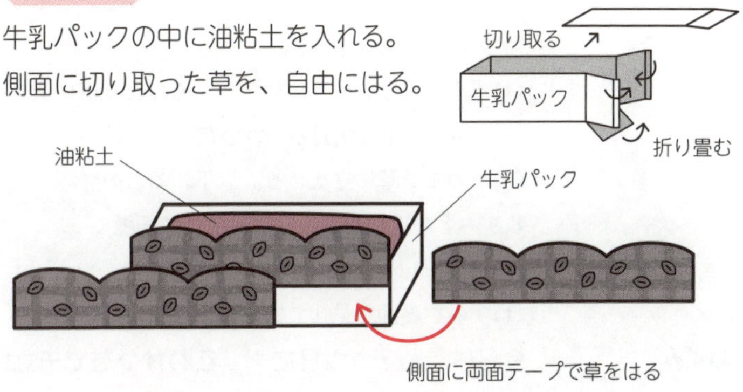

切り取る
牛乳パック
折り畳む

油粘土
牛乳パック
側面に両面テープで草をはる

準備

* テーブルに舞台A・Bを並べて置く。図のように穴を差す。
* 舞台A・Bから少し離して草を置く。その後方に、ドラねこ・クロねこ・ミケねこ・トラねこの順に、表面を出せるように並べて置く。ケーキもここに置く。
* ねずみのペープサートを裏（笑った顔）を見せて持つ。

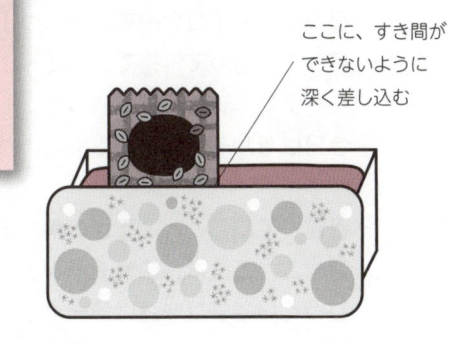

ここに、すき間ができないように深く差し込む

演じ方

* 手あそび歌『いっちょうめの ドラねこ』をお話にしています。演じる前に、導入として、歌とあそびを楽しみましょう。
（→振り付けはP.95）

ナレーター	（ねずみのペープサートを片手で動かしながら） ねずみくんが歩いていると…… （草の後ろから、表面を見せたドラねこを勢いよく取り出す） １丁目の角からドラねこくんが、飛び出して来ました。
ドラねこ	ニャ〜オ！
ねずみ	（表面を見せ） びっくりでチュウ〜逃げろーっ！ （ドラねこをねずみに近づけ、追いかけるように動かしながら）
ドラねこ	待って、待って、待て、待て〜！ （ねずみを逃げるように動かし、そのまま机に伏せて置く） ……ああ、逃げられちゃった。 （ドラねこを草に立たせる。以下、ねこの登場と ねずみとの追いかけっこは、すべて同様に ペープサートを動かす） （ねずみを裏面を見せて持ち動かしながら）
ねずみ	今日はなんチュウ日だ！　こわかったでチュウ〜。
ナレーター	と言っていると、２丁目の角からクロねこくんが……
クロねこ	ニャンゴロリ〜ン！
ねずみ	びっくりでチュウ〜逃げろーっ！
クロねこ	待って、待って、待て、待て〜！ ……ああ、逃げられちゃった。
ねずみ	今日はなんチュウ日だ！　こわかったでチュウ〜。
ナレーター	と言っていると、３丁目の角からミケねこくんが……
ミケねこ	ニャニ、ニュネ、ニャアーン！
ねずみ	びっくりでチュ〜逃げろーっ！
ミケねこ	待って、待って、待て、待て〜！ ……ああ、逃げられちゃった。
ねずみ	今日はなんチュウ日だ！　こわかったでチュウ〜。

ナレーター	と言っていると、4丁目の角からトラねこくんが……
トラねこ	ニャン、ニャオオオーン！
ねずみ	今日はなんチュウ日だ！

> 🎵 **いっちょうめのドラねこ**
> いっちょめの　ドラねこ　にちょめの　クロねこ
> さんちょめの　ミケねこ　よんちょめの　トラねこ
> ごちょめの　ねずみは　おいかけられて
> あわてて　にげこむ　あなのなか　ニャオー

（歌に合わせて、トラねことねずみを追いかけっこさせる）
（ねずみを穴に近づける）

ねずみ	あっ！　穴がある。ここに飛び込むでチュウ～！
	（せりふに合わせて、ねずみを並んだ穴の後ろに飛び込ませ、子どもたちがどの穴に入ったかわからないようにして、三角の穴の後ろに隠す）
トラねこ	（穴に近づけ） 待って、待って、待て、待て～！ ありゃ、穴の中に逃げちゃった。困ったニャン。 いったいどの穴に逃げたのかなあ。 （子どもたちに問いかける） ねえ、みんな、ねずみくんの隠れているのは、この丸い穴？　それとも三角？　四角？ どれかニャン。 （子どもたちは、どの穴か予想を立てる。「丸だと思う人？」などと聞いて手を上げるようにしてもよい）
トラねこ	ねえ、みんな教えてよ……えっ、ねずみくんがかわいそうだから教えない……だって！ 違うよ、違うよ。ぼくたち、ねずみくんを食べたりしないよ。ちっちゃくてかわいい、ねずみくんが大好きなのさ。 ★それで、今日はねずみくんの誕生日なんだ。 →アレンジはP.94へ
ナレーター	そのときです。ほかのねこたちが……
	（ねこたちが立っている草の後ろからケーキを取り出す）
ねこたち	おーい、ケーキを持ってきたでニャン！ （ケーキを子どもたちに見せてから、草に差す）
ナレーター	するとねずみくんが…… （トラねこを草に差す）

歌ってペープサート ● いっちょうめの ドラねこ

ねずみ	（ゆっくり、三角の穴の後ろからねずみを出す） ほんとでチユウかあ～
ナレーター	と、三角の穴から出て来ました。 みんな、ねずみくんの隠れていた穴は、当たった？ （子どもたちに予想が当たったかどうか、問いかける）
	（片手にねずみを持ったまま、ねこを1匹ずつ順に、裏面を 見せるように向きを変えながら）
ねこたち	ねずみくん、誕生日おめでとう！ ぼくたち、ほんとうは、ねずみくんと 友達になりたかったんだよ。
	（ねずみの裏面を見せ）
ねずみ	そうだったんでチユウか。今日はなんチユウいい日だ！ （ねずみを持ったままケーキを持つ） みんな、ありがとう！
ナレーター	こうして、1丁目のドラねこ、2丁目のクロねこ、 3丁目のミケねこ、4丁目のトラねこ、そして5丁目の ねずみくんは、仲よしになりました。よかったね。

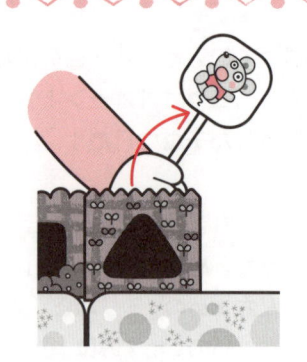

ちょっとひと工夫

● いろいろな行事にアレンジ

P.93の「★それで、今日はねずみくんの誕生日なんだ。」の部分を
行事に合わせてアレンジし、ストーリーを作ってあそびましょう。

例：★それで、今日は「ニャンチユウ園」の運動会なんだ。
　　ほら、こんなに大きなおむすびを持ってきたんだよ。
　　（草の後ろからP.52の「おむすび」の絵カードを出す）

例：★それで、今日は遠足に行こうと思ったんだよ。
　　車で行こうと思って、用意したんだ。いっしょに行こうよ。
　　（草の後ろからP.33の「じどうしゃ」のペープサートを出す）

♪ いっちょうめの ドラねこ

作詞・作曲／阿部直美

♩=120

いっちょめ の ドラねこ にちょめ の クロねこ さんちょめ の ミケねこ よんちょめ の トラねこ

ごちょめ の ねずみ は おいかけ られて あわてて にげこむ あなの なか ニャオー

パンやさんに おかいもの (P.88〜90) 振り付け

振付／阿部直美

1番

① パン パン ……おかいもの
リズムに合わせて、手をたたく。

② サンドイッチに
両ほほを挟むように押さえる。

③ メロンパン
目の下を引っ張り、〈アカンベー〉をする。

④ ねじりドーナツ
鼻をつまんでひねる。

⑤ パンのみみ
耳を左右に引っ張る。

⑥ チョコパン ふたつ
わきの下を、コチョコチョとくすぐる。

⑦ くださいな
2回手をたたいた後、両手を前に差し出す。

＊2番も1番に同じ。

いっちょうめの ドラねこ (P.91〜94) 振り付け

振付／阿部直美

① いっちょめの ドラねこ ……ごちょめの ねずみは
左手を広げ、右手のひとさし指で、歌詞に合わせて、左手の親指から小指までを順にたたく。

② おいかけられて
両手のひとさし指を、曲げたり伸ばしたりしながら、一方向へ動かす。

③ あわてて にげこむ
同様に、両手のひとさし指を反対の方向へ動かす。

④ あなの なか
左手を軽く握って穴を作り、その中に右手のひとさし指を入れる。

⑤ ニャオー
両手を頭に付けてねこの耳を作り、「ニャオー」と鳴きまねをする。

舞台を使って効果的に演じましょう！
舞台の作り方・使い方

* 人形劇やペープサートを演じるとき、人形やペープサートを隠せるよう垂直の板を立てます。これを蹴込み（ケコミ）と言います。本書の「舞台A・B」は、このケコミの役割をします。牛乳パックに油粘土を入れて作るので、ペープサートを立たせることもできます。
* 基本は舞台A・Bをつなげて並べますが、出し物によっては離して使います。
* 机にはテーブルクロスを掛け、演じ手の足が見えないようにします。

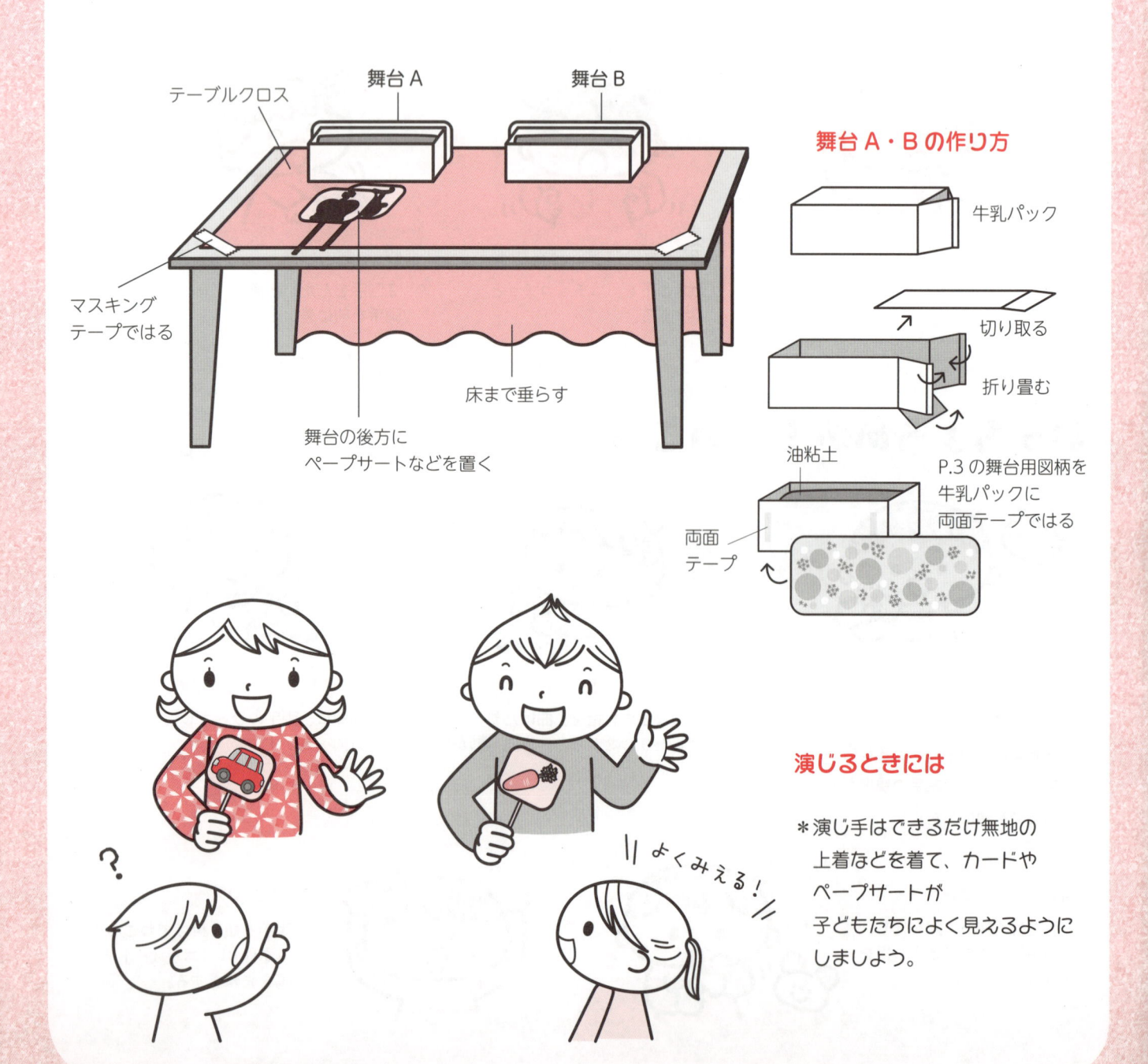

テーブルクロス
舞台A
舞台B
マスキングテープではる
床まで垂らす
舞台の後方にペープサートなどを置く

舞台A・Bの作り方

牛乳パック
切り取る
折り畳む
油粘土
両面テープ
P.3の舞台用図柄を牛乳パックに両面テープではる

演じるときには

* 演じ手はできるだけ無地の上着などを着て、カードやペープサートが子どもたちによく見えるようにしましょう。

よくみえる！